BEI GRIN MACHT SICH IHR WISSEN BEZAHLT

- Wir veröffentlichen Ihre Hausarbeit,
  Bachelor- und Masterarbeit

- Ihr eigenes eBook und Buch -
  weltweit in allen wichtigen Shops

- Verdienen Sie an jedem Verkauf

Jetzt bei www.GRIN.com hochladen
und kostenlos publizieren

Bibliografische Information der Deutschen Nationalbibliothek:

Die Deutsche Bibliothek verzeichnet diese Publikation in der Deutschen National-bibliografie; detaillierte bibliografische Daten sind im Internet über http://dnb.d-nb.de/ abrufbar.

Impressum:

Copyright © 2016 GRIN Verlag, Open Publishing GmbH
Druck und Bindung: Books on Demand GmbH, Norderstedt Germany
ISBN: 9783668258075

Dieses Buch bei GRIN:

http://www.grin.com/de/e-book/335648/die-geschichte-der-eisenbahn-auswirkungen-der-erfindung-auf-die-menschheit

Fabian Bolz

Die Geschichte der Eisenbahn. Auswirkungen der Erfindung auf die Menschheit

GRIN Verlag

GRIN - Your knowledge has value

Der GRIN Verlag publiziert seit 1998 wissenschaftliche Arbeiten von Studenten, Hochschullehrern und anderen Akademikern als eBook und gedrucktes Buch. Die Verlagswebsite www.grin.com ist die ideale Plattform zur Veröffentlichung von Hausarbeiten, Abschlussarbeiten, wissenschaftlichen Aufsätzen, Dissertationen und Fachbüchern.

Besuchen Sie uns im Internet:

http://www.grin.com/

http://www.facebook.com/grincom

http://www.twitter.com/grin_com

Seminararbeit

<u>Geschichte der Eisenbahn</u>

Autor

Bolz, Fabian

Abgabetermin

26.4.2016

Geschichte der Eisenbahn

Einleitung

In dieser Seminararbeit über das Thema „Die Geschichte der Eisenbahn", werde ich erläutern wie sich die Erfindung der Eisenbahn auf die Menschen ausgewirkt hat. Außerdem werde ich auf die wirtschaftlichen und politischen Faktoren der Eisenbahn eingehen diese erläutern und darstellen. Dabei werde ich auch die heutigen Einflüsse der Eisenbahn erläutern, und dabei die früheren Einflüsse nicht aus den Augen lassen. Ich werde auch noch ein paar Eisenbahnunfälle beachten, da dies auch ein Faktor ist den man leider beachten muss. Noch dazu werde ich die Entwicklung der Eisenbahn betrachten einerseits die Weiterentwicklung der Dampfmaschine zur „Dampfmaschine auf Gleisen", der Eisenbahn. Die Entwicklung der Eisenbahn ab der Erfindung werde ich auch nicht außer Acht lassen, denn heutzutage ist die Eisenbahn modernisiert, es existieren kaum noch Dampfloks, meistens sind es elektrisch betrieben Eisenbahnen, welche Dampfloks schon vor langer Zeit in ihrer Technologie überholt haben. Auf die Funktionsweise der Eisenbahn möchte ich in dieser Arbeit jedochnicht eingehen. Ich werde diese jedoch kurz erläutern bei dem Punkt Entwicklung der Dampfmaschine zur Eisenbahn. In dieser Arbeit werde ich mich häufig auf Buchquellen, wie das Buch „Die Geschichte der Eisenbahn" vom coventgarden Verlag stützen. Ich habe mich für das Thema die Geschichte der Eisenbahn entschieden, da ich als kleiner Junge davon fasziniert war und ich das Thema sehr interessant und geschichtlich wichtig find. Ich denke dass viele Leute nicht realisieren was die Eisenbahn für eine große Rolle in der Wirtschaft und Politik spielt und ich das gerne erläutern möchte. Das Hauptziel der Arbeit ist es zu erklären wie wichtig die Eisenbahn für jeden ist heute und auch schon früher. Ich möchte zeigen, dass vieles ohne die Bahn heute kaum möglich wäre. Wobei ich aber auch zeigen werde was für Nachteile und schlechte Folgen die Eisenbahn hat. Ich möchte darstellen wie die Eisenbahn die Politik und die Wirtschaft verändert hat. Beginnen werde ich meine Arbeit mit der Situation der Bevölkerung vor der Eisenbahn, dann werde ich auf die Erfindung eingehen. Damit natürlich auch auf die Entwicklung der Eisenbahn aus der Dampfmaschine und noch dazu auf die Funktionsweise. Ich werde auf die drei Erfinder Joseph Nicolas Cugnot, Richard Trevithick und George Stephenson, natürlich auch auf die ersten Strecken der Eisenbahn eingehen. Nach diesem Gesichtspunkt folgt die Auswirkungen der Eisenbahn auf die Menschen, in welchem ich erklären werde wie sich das Leben der Bevölkerung verändert hat durch die Eisenbahn. Die Einflüsse der Eisenbahn auf die Wirtschaft, ist einer der Hauptpunkte dieser Arbeit. Am Ende meiner Arbeit komme ich zu den historischen Momenten und einem Fazit.

1. Die Stituation der Menschen vor Erfindung der Eisenbahn

Das Datum der Erfindung der Eisenbahn ist nicht genau bestimmt, genau so wenig wie der Erfinder der Eisenbahn feststeht.

„1804 kam der englische Ingenieur Richard Trevithick auf die Idee, eine Schienenlokomotive für Personen zu bauen"[1]. Diesen Zeitpunkt nehme ich als Erfindungszeitpunkt der Eisenbahn an. Zu diesem herrschte in den Industriestaaten, darunter auch später Deutschland 1815 durch die Industrialisierung eine Überbevölkerung. „1804 überschritt die Weltbevölkerung eine Milliarde Menschen"[2], mit diesem Zeitpunkt begann die Überbevölkerung,und damit „eines der zentralen Probleme der Menschheit. Als Folgen traten Hunger, Armut Mangelerscheinungen, ökologische Probleme , die schnelle Ausbreitung von Epidemien und wirtschaftliche Stagnation auf."[3] Mit diesem Satz wird gezeigt, dass die Situation der Menschen schlecht war und die Überbevölkerung dazu geführt hatte, dass diese verarmten und dadurch auch an Hunger litten. Die Situation der Menschen war also am unteren Limit. Jede Familie musste versuchen zu überleben und Geld aufzutreiben um sich und seiner Familie das Leben zu ermöglichen. Durch die Überbevölkerung hatte jede Familie 5 oder mehr Kinder, was es für die Eltern schwieriger machte, denn eine Familie zu ernähren, einen Wohnplatz zu haben ist auch heutzutage sehr schwer und damals durch die Übervölkerung und die Industrialisierung noch schwerer.

2. Die Anfänge des Schienenverkehrs

Die erste Eisbahn wurde von Stephenson 1814 gebaut und fuhr eine Strecke von 40 Kilometern. „Bei der Eröffnung am 25. September 1825 führte Stephenson eine seiner eigenen Lokomotiven,Locomotion No.1, an der Spitze des Zugesaus sechs Wagen, mit denen nach zeitgenössischen

---

[1] http://www.wasistwas.de/archiv-technik-details/wie-heisst-der-erfinder-der-eisenbahn.html

[2] https://de.wikipedia.org/wiki/Bev%C3%B6lkerungsexplosion
[3] https://de.wikipedia.org/wiki/Bev%C3%B6lkerungsexplosion

Berichten 450 Passagiere gefahren sind, mit einer Geschwindigkeit von 13 km/h."[4] Sie fuhr auf dem Stockton & Darlington Railway.

2.1 Erfindung

„Im Jahr 1804 zog in den Penydarran-Eisenwerken im südwalisischen Merthyr Tydfil zum ersten Mal eine Dampflokomotive einen Wagenzug über Schienen"[5]. Dies ist das erste mal, dass eine Eisenbahn über Schienen fuhr, dies war jedoch, wie oben zu lesen nur eine Güterfahrt. Man kann jedoch nicht sagen dass dies die erste Eisenbahn der Welt gewesen sei, denn es gibt viele Überlieferungen der Eisenbahn. Einen Erfinder kann man auch nicht festlegen, da viele Personen die Idee der Eisenbahn hatten, aufgrund der voranschreitenden Industrialisierung. Wie oben zu lesen ist einer der Erfinder Stephenson, welcher 1814 eine Personenzuglok über eine Strecke von 40 Kilometern fahren lies. 1823 wurde von Stephenson und seinem Sohn die erste Eisenbahnfabrik gegründet. Die beiden entwickelten die erste Bahn, welche keine private Werksbahn war sondern eine Bahn die jeder nutzen konnte. Die großen und bekannten Namen der Eisenbahnerfindung sind Joseph Nicolas Cugnot, welcher 1769 „die erste fahrende Dampfmaschine, also den ersten Dampfwagen der Welt"[6] entwickelte, Richard Trevithick,welcher „auf die Idee einer Schienenlokomotive für Personen zu bauen"[7] kam und dem schon oben genannten George Stephenson, der „die erste Eisenbahn die zwischen zwei Städten fuhr und für jeden zugänglich war"[8] entwickelte und „1823 gründete er gemeinsam mit seinem Sohn die erste Lokomotivfabrik der Welt"[9].

---

[4]Die Geschichte der Eisenbahn – coventgarden S.10
[5]Die Geschichte der Eisenbahn – coventgarden S9
[6]http://www.wasistwas.de/archiv-technik-details/wie-heisst-der-erfinder-der-eisenbahn.html
[7]http://www.wasistwas.de/archiv-technik-details/wie-heisst-der-erfinder-der-eisenbahn.html
[8]http://www.wasistwas.de/archiv-technik-details/wie-heisst-der-erfinder-der-eisenbahn.html
[9]http://www.wasistwas.de/archiv-technik-details/wie-heisst-der-erfinder-der-eisenbahn.html

2.2 Die Entwicklung von der Dampfmaschine zur Eisenbahn

„Im Jahr 1770 baute Nicholas-Joseph Cugnot, ein Artillerieoffizier der französischen Armee, einen Dampfwagen, der Geschütze ziehen sollte"[10].

Hierbei ist ein Kessel (Dampfkessel) mit Wasser gefüllt und wird durch ein feuer erhitzt. Der Wasserdampf aus dem Kessel wird in einen Kolben geleitet und durch ein geschicktes Klappenabführsystem wird der Kolben bewegt und das kondensierende Wasser abgeleitet. Der Kolben widerrum bewegt durch seine auf und ab Bewegung ein Rad welches sich dreht und die Maschine vorwärtsbewegt.

Nach der im Jahre 1770 gebauten Dampfmaschine kamen viele konstruierte Pferdewägen, denn den Bergarbeitern und vielen Anderen war das Potential bewusst doch die Gefahr an Unfällen war sehr hoch und diese wollte man nicht auf sich nehmen, erst wenn die Risiken kleiner wurden. Außerhalb dieser Branche verbreitete sich die Dampfmaschine auf Schienen jedoch nicht.

1803 und 1820 wurden noch weitere Pferdeeisenbahnen eröffnet. Diese dienten jedoch meist dem Transport von Gütern. „Selbst 1824 wurden die Vorteile der Dampfkraft gegenüber dem Pferd noch heftig diskutiert"[11]. Das zeigt, dass die Leute auf ihre alten Werkzeuge vertrauen und nicht dem innovativen neuen. Diese Diskussion wurde 1825 „mit der Eröffnung des Stockholm & Darlington Railways"[12] eingestellt. Dies war der Anfang der Eisenbahn auf längeren Strecken und auf Schienen.

2.3 Joseph Nicolas Cugnot; Richard Trevithick; George Stephenson

„Wenn allgemein von großen Erfindern die Rede ist, egal auf welchem Gebiet diese Erfinder tätig waren, so handelt es sich doch oftmals

---

[10]Die Geschichte der Eisenbahn – coventgarden S8
[11]Die Geschichte der Eisenbahn – coventgarden S9
[12]Die Geschichte der Eisenbahn – coventgarden S9

eigentlich weniger um eine Erfindung. Vielmehr häufiger stellt es eine Weiterentwicklung von bereits vorhandenen Ansätzen dar"[13]

2.3.1 Joseph Nicolas Cugnot

Joseph Nicolas Cugnot war ein Militär Ingenieur, welcher der Österreichischen Armee diente. Er sollte mit der Unterstützung von General de Gribeauval und des Herzogs de Choiseul einen Dampfwagen konstruieren der bei Marschgeschwindigkeit eine Last von 5 Tonnen transportieren kann. Zusammen mit Michel Brezin fertigte er diesen an.

Beide konstruierten einen der ersten Dampfwagen, welcher dies konnte.

Er konnte mit einem ausreichenden Wasserkessel ein ein-viertel Stunden bei der Last von 5 Tonnen und der vorgesehenen Geschwindigkeit fahren.

Diesen kann man heute im Museé des Arts et Métiers ins Paris sehen.

https://de.wikipedia.org/wiki/Nicholas_Cugnot#/media/File:Nicholas_Cugnots_Dampfwagen.jpg

„Der Dampfwagen von Nicholas Cugnot wurde 1769 in Paris vorgestellt. Das Fahrzeug hatte zwei Zylinder, deren Kolbenstangen das Vorderrad über eine Art Freilaufgetriebe drehten. Das Fahrzeug war 725 cm lang, 230 cm breit, 210 cm hoch und wog 4000 kg"[14]

2.3.2 Richard Trevithick

„Der englische Erfinder und Ingenieur Richard Trevithik wurde am 13. April 1771 in Illogan geboren und ist am 22. April 1833 in Dartford

---

[13]http://www.stationspage.de/erfinder/thomas-newcomen.htm – H.Müller
[14]https://de.wikipedia.org/wiki/Nicholas_Cugnot

verstorben."[15] Ihm waren Dampfmaschinen und Pumpen seid seiner Kindheit bekannt, da sein „Vater als Ingenieur für Bergwerksgesellschaften tätig war."[16] Dadurch beschäftigte er sich mit der Steigerung des Wirkungsgrads dieser. Eine seiner wichtigsten Leistungen war, dass er eine Hochdruckdampfmaschine konstruierte, welche er schon im Jahre 1804 testete. Das Problem dieser Dampfmaschine war jedoch, dass dass „das Gewicht der Dampflokomotive von Ricard Trevithick lag in keinem Verhältnis zur Tragfähigkeit der Gleisanlange."[17] Das bedeutet

das die Schienen unter der Dampfmaschine zusammenbrachen da diese zu schwer waren.

2.3.3 George Stephenson

George wurde 1781 geboren als eines von sechs Kindern in einer ärmlichen Familie. Er lernt in einer Abendschule das Lesen und das Schreiben. Tagsüber lernt er an der Seite seines Vaters, welcher in der Kohlemine von Wylam arbeitete. Er wird zum Maschinisten ernannt und heiratet Fanny Anderson. Er befasst sich mit den Arbeiten James Watts und Richard Trevithik. 1814 „stellt Stephenson ein eigenes Modell vor. Es ist zwar noch wenig praxistauglich, aber ein gutes Modell für weitere Entwicklungen."[18] Er steuert auf der ersten öffentlichen Eisenbahnstrecke die „Locomotion" als erster Ingenieur. Er wird zum Chefingenieur des Eisenbahnbaus zwischen Liverpool und Manchester. Er entwickelt eine weiter Dampflok die „Rocket" und gewinnt mit ihr ein Rennen. So wurden 5 weitere dieser Loks produziert „ für die Strecke Liverpool-Manchester"[19]

Am 12. August stirbt dieser und sein Sohn Robert Stephenson führt sein Werk weiter.

---

[15]http://www.stationspage.de/erfinder/richard-trevithick.htm
[16]http://www.stationspage.de/erfinder/richard-trevithick.htm

[17]http://www.stationspage.de/erfinder/richard-trevithick.htm
[18]http://dibb.de/george-stephenson-dampflok.php
[19]http://dibb.de/george-stephenson-dampflok.php

„*Locomotion No. 1*, ausgestellt im Darlington Railway Centre and Museum"[20]

2.4 Die ersten Strecken

Der Stockholm & Darlington Railway war die erste öffentliche Strecke, jedoch musste diese „kurz nach ihrer Eröffnungsfahrt auf der Stockton & und Darlington bahn Bahn außer Betrieb"[21] genommen werden, da sie zu schwach war. Deshalb wurde der Passagierdienst 1828 wieder auf Pferdewagen verlegt. Am 15. September des Jahres 1830 wurde die Liverpool-&-Manchester Strecke eröffnet. Die oben schon genannte Lock Rocket von George Stephenson wurde auserwählt diese Strecke zu befahren. Sie transportierte unter anderem Güter und 5 Millionen Personen in den ersten 10 Jahren ihres Betriebs.

„Die erste deutsche, mit Dampf betriebene Eisenbahn fuhr am 7. Dezember 1835 von Nürnberg nach Fürth."[22] Johann Carl Leuchs, rief am zweiten Januar 1833 in seiner Allgemeinen Handelszeitung dazu auf die Eisenbahn in Bayern fahren zu lassen. „In ganz Bayern, vielleicht selbst in ganz Deutschland ist kein Punkt, wo eine Eisenbahn leichter und mit größeren Vorteilen für die Unternehmer ausgeführt werden könnte."[23] Die Ludwigs-Eisenbahn-Gesellschaft-Nürnberg wurde am 18.November 1833 gegründet. George Zacharias Platner war einer der Hauptaktionäre und leitete mit dem damaligen zweiten Bürgermeister das Unternehmen[24]. Das benötigte Geld wurde aus Aktienverkäufen gewonnen. Daraus waren 55

---

[20]https://upload.wikimedia.org/wikipedia/commons/2/2f/Locomotion_No._1..jpg
[21]Die Geschichte der Eisenbahn – coventgarden S10
[22]http://www.nuernberginfos.de/ludwigseisenbahn-nuernberg.html
[23]http://www.nuernberginfos.de/ludwigseisenbahn-nuernberg.html
[24]http://www.nuernberginfos.de/ludwigseisenbahn-nuernberg.html

Prozent, 10 aus Fürth und 35 Prozent stammten von Investoren aus dem Ausland. Der erste Eisenbahn-Verkehrsknotenpunkt Deutschlands lag an der Ludwigsbahn-Trasse.

Auf der Seite http://www.ieg-maps.uni-mainz.de/mapsp/mapebga0.htm ist dies sehr gut bildlich dargestellt. Hier kann man auch gut erkennen wie sich die Eisenbahn im damaligen Deutschland verbreitet und entwickelt hat. Man kann auch erkennen, wie sich die Eisenbahn im Ruhrgebiet einem der Hauptpunkte der Industrialisierung in Deutschland war.

2.5 Auswirkungen auf die Menschen

„Durch die rasche und billige Fortschaffung der Güter wird der Wohlstand eines Landes bedeutend vergrößert. Größere Vorteile als die bisherigen Verkehrsmittel."[25] Man muss jedoch bedenken, dass die Eisenbahn am Anfang nur für wirtschaftliche Zwecke genutzt wurde und den Personenverkehr erst später beeinflusste. Durch die Entwicklung der Eisenbahn wurde die Menschen unter anderem auch mobiler, was der Industrialisierung half sich in ganz Deutschland zu verbreiten, da die Menschen sich nun schneller von einem zum anderen Ort bewegen konnten. Dies bewirkte auch, dass Arbeiter in andere Städte zum Arbeiten fahren konnten um ihr Geld zu verdienen,was die Industrialisierung förderte. Es wurden noch dazu neue Arbeitsplätze für die Menschen geschaffen, was in der Industrialisierung nötig war. Man kann sagen, dass die Eisenbahn eine sehr positive Auswirkung auf die Situation der Menschen gehabt hat. Jedoch muss man auch die Abgase der damaligen Dampflok begutachten. Die Eisenbahn stieß grauen bis sogar schwarzen Rauch aus welcher großteils aus Ruß bestand, was zu Lungen Krebs und anderen, damals noch tödlichen, Krankheiten führen konnte. Durch diese und viele weitere Abgase starben Lokführer und auch Passagiere an Lungenkrebs.

---

[25]http://www.schreiben10.com/referate/Technik/5/ENTWICKLUNG-DER-EISENBAHN--FOLGEN-DER-EISENBAHNENTWICKLUNG--VERGLEICH-DER-ERWARTUNGEN-UND-DES-TAT.php

3. Die Einflüsse der Eisenbahn auf die Wirtschaft

3.1 Früher

Die Eisenbahn war einer der größten Faktoren der Industrialisierung. Sie bewegte die Handels & Industriezentren von der Küste in das Landinnere. Durch ihre Weiterentwicklung konnten Güter und viele andere Dinge schnell durch das Land transportiert werden, wodurch sie die Industrie förderte und viele Arbeitsplätze, wie zum Beispiel in Eisenbahnwerken schuf. Außerdem förderte sie dadurch auch die Industrialisierung, in welcher die Eisenbahn erfunden und entwickelt wurde. Sie stärkte den inneren Markt der Länder und förderte auch ab 1869 das Erstarken der Volkswirtschaften und die Verbindung von verschiedenen Staaten mit einer schnelleren Verbindung als davor.[26]Die Eisenbahn hatte zwei Effekte einmal den „Rückkopplungs- und Vorkopplungseffekt(e)"[27] Der Vorkopplungseffekte stehen dafür, dass durch die Eisenbahn eine bessere Kommunikation herrschte, durch sie wurden Waren billiger, da der Verkehr billiger und schneller war als mit dem Pferdewagen und mit dem Schiff. Die Steigerung des Warenverkehres hatte einen großen Einfluss auf die Weltwirtschaft. Die Rückkopplungseffekte stehen dafür, dass die Anfrage nach Eisenbahnen stieg und damit mehr Arbeitsplätze geschaffen wurden. Dies schuf einen neuen Industriezweig und dadurch wie oben schon genannt neue Arbeitsplätze. Die britische Wirtschaft war einer der größten Eisenbahn Exporteure und machte damit einen sehr großen Profit. 4107 Millionen Pfund wurden von britischen Investoren zu Verfügung gestellt und 1531 Millionen davon wurden zum Eisenbahnbau genutzt.[28] Investitionen in den Eisenbahnmarkt förderten die Erweiterung des weltweiten Kapitals, da die Eisenbahn eine sehr große und wichtige Rolle in der Weltwirtschaft auf der Welt spielte.

---

[26]Vgl. http://www.mybude.com/nordamerika-europa/2648-auswirkung-dampf.html
[27]http://www.geschichtsforum.de/f59/eisenbahnentwicklung-10757/ - Krusk
[28]Vgl. http://www.mybude.com/nordamerika-europa/2648-auswirkung-dampf.html

3.2 Heute

Die Eisenbahn ist heute ein sehr großer und wichtiger Faktor für die Wirtschaft. Im Jahr 2012 betrug der Umsatz der Eisenbahn insgesamt 18,6 Milliarden Euro. Die Tendenz dabei ist steigend da die Eisenbahn immer mehr in den „Trend" kommt. Die Verkehrsleistung der Eisenbahn betrug 110 Milliardenkilometer im Jahr 2012. Aus einer Statistik der Bundesnetzagentur aus dem Jahre 2012 geht heraus, dass der Personennahverkehr in den Jahren 2005 bis 2012 um 1% stieg, was zeigt, dass die Eisenbahn im Fernverkehr kaum Zuwachs hat, da die meisten Menschen im Fernverkehr auf das Auto oder das Flugzeug setzen als bequemere oder schnellere und preiswertere Art des Reisens. Der Personennahverkehr stieg dagegen um ganze 3% in den Jahren 2005 bis 2012 an. Diese Tendenz ist immer noch steigend, dies einer der Schnellsten und billigeren Transportwege im Nahverkehr ist. Hier würden sich Flugzeug und Auto im Preis- und Zeitverhältnis nicht lohnen. Der Güterverkehr auch SGV genannt hat in den Jahren 2005 bis 2012 eine mittelmäßigere Steigerung erfahren. Er steigerte sich um ganze 2%. Jedoch ging er in den Jahren 2011 bis 2012 zurück. Von rund 375 Millionen Tonnen im Jahr 2011 zurück zu 366 Millionen Tonnen im Jahr 2012. In den Transport- und Reiseweiten ist der Güterverkehr in den Jahren 2008 bis 2012 um ganze 6 Kilometer zurückgegangen. Der Personenfernverkehr hat auch einen Rückgang von 6 Kilometern erfahren jedoch der Nahverkehr hingegen ist gleich geblieben und nicht zurückgegangen. Im Jahr 2012 wurden durch bei den Konzernen erfragten Daten über ihre wirtschaftliche Stabilität, die Stabilität des ganzen Marktes der Eisenbahn. Es stellte sich heraus, dass dies ein großer und stabiler Markt ist. Ein sehr großer Teil dieses Marktes gehört der DB AG oder auch Deutschen Bahn Arbeitsgesellschaft. Ihr gehören seit ihrer im Jahre 1994 fast 100 Prozent des Personenfernverkehrs. Im Personennahverkehr jedoch ist sie zwar auch einer der größten Anbieter von Verkehrsmitteln, jedoch kommen im Nahverkehr immer mehr von kleineren Firmen hinzu, welche 2012 schon 12 Prozent des gesamten Personennahverkehrs ausmachten. Im Güterverkehr war die Deutsche Bahn AG jedoch noch nie an der „alleinigen Macht". Im Jahre 2012 waren schon 29% des Güterverkehrs von anderen kleineren Firmen und nicht von der Deutschen Bahn.[29] 2007 wurde das Eisenbahnnetz in ganz Europa ausgeweitet. „Ein wichtiger Baustein hierfür ist die Allianz RailTeam"[30]

Das Ziel dieses Teams war es, dass Hochgeschwindigkeitsnetz der Eisenbahn in Europa zu etablieren.[31] 2008 nimmt die Deutsche Bahn AG trotz der Finanzkrise und einer Teilprivatisierung des Konzerns durch die Bundesregierung 33,5 Milliarden Euro ein. Dies zeigt, wie groß und machtvoll der Eisenbahnmarkt doch ist. Zwischen 2015 und 2020 soll ein transeuropäisches Verkehrsnetz fertiggestellt werden. Dieses existiert heute schon fast komplett. In industriellen „schwächeren" Länder Europas, wie zum Beispiel Polen ist das Verkehrsnetz noch nicht ganz ausgebaut, denn dort fehlt das Geld für den Ausbau des Schienennetzes, da dort muss die Infrastruktur des Landes noch erweitert werden. Die „Neubelebung des Bahnverkehrs ist ein Schlüsselziel der Eu-Verkehrspolitik"[32]. Die Priorität der Regierung bestand dabei aber in den Personenzügen, da dies ein schwierigeres Gebiet war, denn zum Beispiel der Personalwechsel an den Grenzen muss geregelt werden, denn die Verständigung des Personals muss beachtet werden. Dennoch bestehen immer noch immer noch Schwächen, wie bei der Eigendynamik der Bahn , bei der Zuverlässigkeit der Züge und der Kundenorientierung. [33] Heutzutage ist die Eisenbahn nach dem Flugzeug eines der sichersten Verkehrsmittel, da die Bahn nach immer höheren Standards steht und so gut wie nie Unfälle bei der Eisenbahn passieren.

---

[29]Vlg,http://www.bundesnetzagentur.de/SharedDocs/Downloads/DE/Sachgebiete/Eisenba hn/Unternehmen_Institutionen/Veroeffentlichungen/Marktuntersuchungen/Marktunter suchungEisenbahnen/MarktuntersuchungEisenbahn2013.pdf?__blob=publicationFile& v=2 – S17 – Bundesnetzagentur
[30]http://www.berufsstart.de/unternehmen/deutsche-bahn/firmengeschichte.php
[31]Vgl. http://www.berufsstart.de/unternehmen/deutsche-bahn/firmengeschichte.php
[32] http://ec.europa.eu/transport/media/publications/doc/modern_rail_de.pdf
[33]Vgl. http://ec.europa.eu/transport/media/publications/doc/modern_rail_de.pdf

4. Historische Momente

4.1 Der Stockton & Darlington Railway

Dieser Railway war die erste öffentlich Eisenbahnstrecke, welche für den Güterverkehr eingesetzt wurde. Mit ihrer Gleisspurweite von 1435 Milimetern setzte sie bei den meisten Eisenbahnen auf dieser Welt dies als Norm. Der Stockton & Darlington Railway war 40 Kilometer lang und verband die beiden Kohlegruben Bishop Auckland mit Shildon Darlington und Stockton-on-Tees. [34] Nach 1836 ging die bis dahin von einem selbständigem Unternehmen geführte Strecke in ein Netz aus größeren Unternehmen und Gesellschaften auf. Sie wurde am 23. Juli 1858 von der „Middelsbrough and Redcar Railway" Gesellschaft übernommen. Diese vereinigte sich 1923 mit „North Eastern Railway" in die „London and North Eastern Railways". Für den Bau dieser Bahnlinie wurden 60000 Schwellen aus Stein verbaut.

Durch ein Hochwasser im Jahre 1823 wurde eien neu errichtete Brücke aus Eisen und die Strecke stark beschädigt und wurde repariert.

Die Strecke wurde nach langer Vorbereitung des Projekts „am 26.September 1825"[35] wieder befahren. Am 27. September fand die erste offizielle Fahrt fand am 27. Spetember 1825 statt. Sie bestand aus einem Zug mit 36 Wagen, „von denen 12 mit Kohle und Mehl, 6 mit Gästen und 14 mit Arbeitern beladen waren."[36] Da damals noch keine Federung in den Wägen bestand und die Schienen holprig und nicht immer eben waren, war die Fahrt für die Passagiere eher unbequem.

4.2 Unfälle

Heute sind schwerwiegende Unfälle der Eisenbahn sehr selten geworden. Im 19. und 20. Jahrhundert hingegen waren Eisenbahnunfälle relativ

---

[34]Vgl. https://de.wikipedia.org/wiki/Stockton_and_Darlington_Railway
[35]https://de.wikipedia.org/wiki/Stockton_and_Darlington_Railway#Die_erste_Fahrt_mit_d er_Lokomotive
[36]https://de.wikipedia.org/wiki/Stockton_and_Darlington_Railway#Die_erste_Fahrt_mit_d er_Lokomotive

häufig. Mit dem Beginn der Eisenbahn, waren Unfälle sehr selten, denn die Eisenbahn war am Beginn des 19. Jahrhunderts noch kaum verbreitet. Durch die rasante Verbreitung dieser wurden jedoch auch die Unfälle mehr. Jedoch nicht nur die kleineren, wie ein Zugausfall wegen einem technischen Defekt sondern auch die schwerwiegenderen, wie zum Beispiel einer Zugentgleisung, oder einer Dampfkesselzerplatzung.

Einer der ersten bekannten schweren Unfälle ereignete sich am 31. Juli 1815. Ein Dampfkessel der Mechanical Traveller explodierte. 16 Menschen starben.[37] Bei einem Zugunfall aus dem Jahre 2004 starben bei einem Zugunglück mehr als Tausend Menschen. Dies ereignete sich auf Sri Lanka. Am 26. Dezember 2004 traf ein Tsunami die Insel. Bei diesem Unglück starben 250.000 Menschen, darunter auch etwa 1000 Passagiere in einen Zug im Norden der Insel. Der Regierung wurde vorgeworfen, dass dies die Aufbauarbeiten behinderte, doch dies war der Regierung egal, denn sie sah die Strecke als Prestigeprojekt. Einer der schlimmsten Unfälle in Deutschland ereignete sich am 3.Juni 1998. Damals prallte ein ICE „gegen eine Straßenbrücke. 101 Menschen starben."[38] Gegen 11 Uhr entgleiste der ICE mit 200 Kilometern pro Stunde. Der dritte Wagon prallte gegen den Brückenpfeiler. Das Resultat daraus war, dass die Brücke einstürzte. Die Brücke begrub ein paar der anderen Wagen. Das Vertrauen in die angeblich sichere Technik wurde auf der ganzen Welt angezweifelt.[39] Seit 2010 sind keine schwereren Unfälle in Deutschland passiert. Die meisten der Unfälle in der näheren Vergangenheit waren in von Deutschland weiter entfernten Ländern, wie zum Beispiel eine Prellblocküberfahrt am 20. März 2015, mehrere Entgleisungen wegen technischem Versagen oder zu hoher Geschwindigkeit des Zuges. Seit 2010 fanden 3 schwerere Zugunfälle in Indien 2 in der Republik Kongo. Der letzte schwerere Unfall in Deutschland geschah im Jahre 2006. Am 22. September des Jahres fand ein Auffahrunfall in Lathen statt. 23 Menschen starben und 10 wurden schwer

---

[37]Vgl. https://de.wikipedia.org/wiki/Liste_schwerer_Unf%C3%A4lle_im_Schienenverkehr
[38]Bahn-Katastrophen Folgenschwere Zugunfälle und ihre Ursachen S97
[39]Bahn-Katastrophen Folgenschwere Zugunfälle und ihre Ursachen S97

verletzt. Da dies auf einer Versuchsstrecke für Einscheinbahnen passierte, war das der schwerste Unfall einer Einscheinbahn weltweit.

5.Fazit/Schluss

Die Eisenbahn war bei ihrer Erfindung ein sehr infragegestellte Projekt gewesen, denn die Kosten für die Entwicklung waren hoch und die angestrebte Zielgruppe, die Bergarbeit, war skeptisch den „maschinellen Pferdewägen gegenüber.

5.1 Positive Auswirkungen der Eisenbahn

Die Eisenbahn ist heutzutage ein nicht mehr wegzudenkendes Verkehrsmittel. Sie ist eine der großen Personenverkehrsmittel, welche besonders auf Fern- und Mittelstrecken verwendet wird. Im Güterverkehr wurde sie schon bei ihrer Erfindung verwendet. Heute ist die Eisenbahn mit dem Schiff immer noch eine der wichtigsten Transportmittel von den Häfen ins Landinnere. Die Eisenbahn war einer der größten Faktoren in der Industrialisierung, denn sie stellte eine schnelle und sichere Verbindung zwischen verschiedenen Orten dar. Außerdem war mit ihr eine gute Dezentralisierung der Industrie möglich, denn Materialien und Personen konnten mit ihr, wie oben genannt, schnell und sicher transportiert werden. Mit ihrer Entwicklung wurde ein neuer Industriezweig geschaffen und dadurch mehr Arbeitsplätze, welche in der Industrialisierung sehr benötigt wurden. Außerdem war der Eisenbahnmarkt ein profitabler Markt, in welchen damals viel Geld investiert wurde und in welchen heute auch noch sehr viel Geld investiert wird. Die Nutzung der Bahn steigt immer noch da dies bequemer und billiger als andere Anbieter von Transportmitteln und Verkehrsmitteln ist. Die Bahn ist auch noch ein sehr sicherer und fast immer zuverlässiger Dienst und es gibt kaum Probleme mit ihr.

5.2 Negative Auswirkungen der Eisenbahn

Die Eisenbahn hatte kaum negative Auswirkungen. Man kann die Gesundheitsschädlichkeit der Abgase heranziehen, jedoch ist dies ein sehr kleiner Faktor und wurde mit der Zeit und der Weiterentwicklung der Eisenbahn behoben.

<u>Schluss</u>

Als Schluss dieser Seminararbeit kann man sagen, dass die Eisenbahn einer der wichtigsten Faktoren der Industrialisierung war. Sie ist heute noch ein wichtiges und sehr mächtiges Transportmittel.

Der Erfinder der Eisenbahn steht nicht fest, denn mehrere Leute arbeiteten zur gleichen Zeit an ihrer Erfindung. Die erste Strecke der

Eisenbahn war der Stockton & Darlington Railway in England. Das Leben der Menschen wurde durch die Erfindung der Eisenbahn der dezentralisiert. Außerdem hat die Eisenbahn heute immer noch eine sehr mächtige Stellung und wird diese in näherer Zukunft auch nicht verlieren. In Zukunft wird sich die Eisenbahn immer weiterentwickeln und immer schneller, produktiver und das Eisenbahnnetz wird sich in der ganzen Welt vergrößern und die Infrastruktur der Länder steigern. Außerdem schätze ich, dass sich der Eisenbahnmarkt vergrößern wird und, dass die Aktienwerte an der Börse steigen werden.

Quellen:

http://www.wasistwas.de/archiv-technik-details/wie-heisst-der-erfinder-der-eisenbahn.html

https://de.wikipedia.org/wiki/Bev%C3%B6lkerungsexplosion

https://de.wikipedia.org/wiki/Geschichte_der_Eisenbahn

http://www.nicolascugnot.com/ger.html

http://www.stationspage.de/erfinder/richard-trevithick.htm

http://dibb.de/george-stephenson-dampflok.php

http://www.nuernberginfos.de/ludwigseisenbahn-nuernberg.html

http://www.schreiben10.com/referate/Technik/5/ENTWICKLUNG-DER-EISENBAHN--FOLGEN-DER-EISENBAHNENTWICKLUNG--VERGLEICH-DER-ERWARTUNGEN-UND-DES-TAT.php

http://www.geschichtsforum.de/f59/eisenbahnentwicklung-10757/

http://universal_lexikon.deacademic.com/232872/Eisenbahn%3A_Eisenbahnbau_im_19._Jahrhundert

http://www.bundesnetzagentur.de/SharedDocs/Downloads/DE/Sachgebiete/Eisenbahn/Unternehmen_Institutionen/Veroeffentlichungen/Marktuntersuchungen/MarktuntersuchungEisenbahnen/MarktuntersuchungEisenbahn2013.pdf?__blob=publicationFile&v=2

https://de.wikipedia.org/wiki/Deutsche_Bahn

http://www.mybude.com/nordamerika-europa/2648-auswirkung-dampf.html

http://www.berufsstart.de/unternehmen/deutsche-bahn/firmengeschichte.php

http://ec.europa.eu/transport/media/publications/doc/modern_rail_de.pdf

https://de.wikipedia.org/wiki/Stockton_and_Darlington_Railway

https://de.wikipedia.org/wiki/Liste_schwerer_Unf%C3%A4lle_im_Schienenverkehr

http://diepresse.com/home/panorama/welt/4625053/Tsunami_Der-schwerste-Eisenbahnunfall-der-Geschichte

https://de.wikipedia.org/wiki/Liste_schwerer_Unf%C3%A4lle_im_Schienenverkehr

https://de.wikipedia.org/wiki/Nicholas_Cugnot